Lustige Mitmachreime für die Kita

PETRA METZGER

Lustige Mitmachreime für die Kita

Mit Illustrationen von Katja Jäger

HERDER

FREIBURG · BASEL · WIEN

Im Interesse der besseren Lesbarkeit und weil Frauen in frühpädagogischen Berufen prozentual stärker vertreten sind als Männer, wird in diesem Buch stets die Leserin angesprochen. Selbstverständlich sind damit aber immer Leser und Leserinnen gleichermaßen gemeint.

www.herder.de

Umschlag- und Textillustrationen: Katja Jäger, Moers
Gesamtgestaltung und Satz: Sabine Ufer, Leipzig
Lektorat: Caroline Baumer, Freiburg

Herstellung: DZS Grafik, Ljubljana
Printed in Slovenia

ISBN 978-3-451-37974-1

Vorwort

**„Es springt ein Floh, es springt ein Floh, und zwar so:
zwei nach vorne, eins zurück, du bist dran – was für ein Glück!"**

Kinder lieben Geschichten in Versform. Mal schön klingend und mal herrlich unsinnig, laden die Reime dazu ein, mit Sprache zu experimentieren. Beim Mitsprechen und Mitmachen steht dabei die Freude am Sprechen selbst im Vordergrund: In einem lustigen Miteinander wird beim Reimen und Dichten gemeinsam gelacht und gespielt.
Besonders Kinder, die noch Schwierigkeiten beim Sprechen haben oder schüchtern sind, profitieren von den sich reimenden Geschichten. Die spaßigen Alltags-, Tier-, Jahreszeiten- und Zauberverse wecken ihre Begeisterung für Sprache. Die Bewegungen laden dabei auf einfache Weise zum Mitmachen ein und unterstützen die Kinder, Stück für Stück, ihre Freude am Sprechen zu entdecken.

Mit Reimen und Geschichten lernen

Immer wieder Reime, Finger- und Wortspiele zu erleben, lässt Kinder den Klang der Sprache kennenlernen. Sie erfahren spielerisch, dass Wörter aus Lauten und Silben bestehen – das sind wichtige Vorläuferleistungen für sinnverstehendes Lesen und auch Schreiben.
Indem Reime und Wortspiele mehrfach wiederholt werden, können Kinder bald selbstbewusst mitsprechen und sammeln wichtige Erfolgserlebnisse, die ihnen Sicherheit für neue sprachliche Herausforderungen geben.
Aber vor allem sollen die Geschichten Freude bereiten! Die Wortspiele und Reime wecken das Interesse an Sprache. Die Wiederholungen unterstützen die Entwicklung von Sprachmelodie und Artikulation sowie den Sprechrhythmus. Auch dass die Geschichten den Wortschatz und das phonologische Bewusstsein erweitern, spricht für ihren regelmäßigen Einsatz in der Kita. Viele gute Gründe also, um mit den Kindern Reime und Geschichten zu erleben.

Tipps zur Umsetzung

Einen Reim oder eine Geschichte aussuchen und sich damit vertraut machen: Die Reime und Geschichten im Vorfeld zu kennen und sie möglichst frei zu erzählen, fördert den Spielfluss. Außerdem ermöglicht es Ihnen, individuell auf die Kinder und die Gruppe einzugehen.
Mutig sein: Sie werden als Spielleitung gestärkt, wenn Sie die Geschichte zuerst für sich selbst sprechen und üben. **Tipp:** Probieren Sie es einmal vor einem Spiegel aus!

Reime und Geschichten – immer!

Ob beim Verabschieden, Anziehen oder beim Übergang zum Mittagessen: Mit den Reimen und Geschichten können Sie viele Situationen im Kita-Alltag spielerisch begleiten. Genauso eignen sich die Mitmachspiele und -aktionen für den Sitzkreis oder zum Spielen im Außenbereich. Die Reime lassen sich sowohl mit einzelnen Kindern als auch mit der gesamten Gruppe umsetzen.

Eintauchen und Freude haben

Dieses Buch will Sie einladen, spielerisch und mit Freude die kindliche Sprache zu fördern. Lassen Sie sich von den Versen mitreißen und tauchen Sie gemeinsam mit den Kindern in die wunderbar lustigen Geschichten ein!

Viel Freude mit den Lustigen Mitmachreimen und Ihrer Kindergruppe
wünscht Ihnen
Petra Metzger

Inhalt

Reimend durch den Tag

Tierisch gereimt

Jahreszeiten-Gedichte

Zauber-Zungen-Verse

Reimend durch den Tag
Hallo!

Ich sag Hallo!

Begrüßungsspiel

Alle:	
Jetzt bin ich wach,	*Augen reiben*
find's wunderbar,	*Arme ausstrecken*
sag Guten Tag,	*Winken*
weil ich euch mag.	*Auf alle zeigen*
1. Kind:	
Ich seh **dich** an und sag Hallo!	*1. Kind zeigt auf anderes Kind*
Dass du heut da bist,	*Winkt ihm/ihr zu*
macht mich froh.	*Hebt Arme hoch*
Alle:	
Jetzt bin ich wach,	*Augen reiben*
find's wunderbar,	*Arme ausstrecken*
sag Guten Tag,	*Winken*
weil ich euch mag.	*Auf alle zeigen*
Kind, dem zugewunken wurde:	
Ich seh **dich** an und sag Hallo!	*2. Kind deutet auf anderes Kind*
Dass du heut da bist,	*Winkt ihm/ihr zu*
macht mich froh.	*Formt mit den Händen ein Herz*
Alle:	
Jetzt bin ich wach,	*Augen reiben*
find's wunderbar,	*Arme ausstrecken*
sag Guten Tag,	*Winken*
weil ich euch mag.	*Auf alle zeigen*
Kind, dem zugewunken wurde:	
Ich seh **dich** an und sag Hallo!	*3. Kind deutet auf anderes Kind*
Dass du heut da bist,	*Winkt ihm/ihr zu*
macht mich froh.	*Gibt Luftkuss*
Alle:	
Jetzt bin ich wach	
…	

Anmerkung

Der Mitmachreim geht so lange weiter, bis jedem Kind Hallo gesagt wurde. Die Kinder suchen sich dabei immer neue Gesten aus.
Um das Spiel nicht zu kompliziert zu machen, können Erzieherinnen die verschiedenen Gesten nach und nach einführen. Oder wollen sich die Kinder eigene Freundschaftsbekundungen überlegen?

Schluss

Wir sehen uns an und sagen Hallo!	*Winken*
Dass wir alle da sind,	*Auf alle zeigen*
macht uns froh.	*Arme hoch, Herz formen, Luftkuss, zuzwinkern, zunicken …*

Ich bin ein Kuss

Begrüßungs- oder Verabschiedungsspiel

Ich bin ein Kuss,	*Schmatz, schmatz (zweimal in die eigene Hand schmatzen)*
ich bin ein Kuss,	*Schmatz, schmatz*
der immer wandern,	*Schmatz, schmatz*
immer wandern muss.	*Schmatz, schmatz*
Ich komm zu dir	*Kuss zu einem Kind blasen*
und du zu mir	*Kind schickt Kuss zurück*
und wir treffen uns …	
genau hier!	*Kinder zeigen und benennen bei sich das Körperteil, auf dem der Kuss gelandet ist*

Anmerkung

Der Kuss von einem Kind zum anderen sollte natürlich nur fliegen, wenn ihn beide auch willkommen heißen. Besonders schön ist das Kuss-Spiel bei der Verabschiedung von Mama oder Papa.

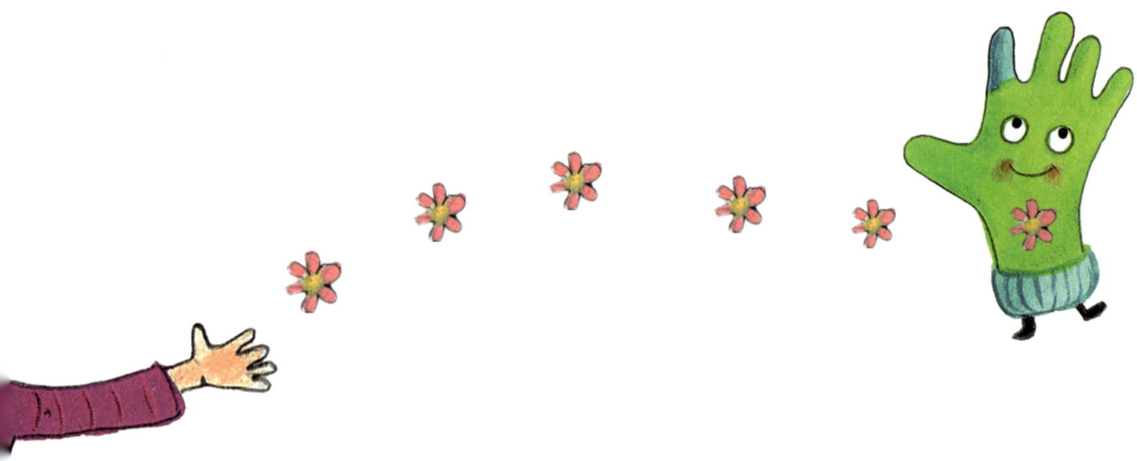

Blubberblasennasen

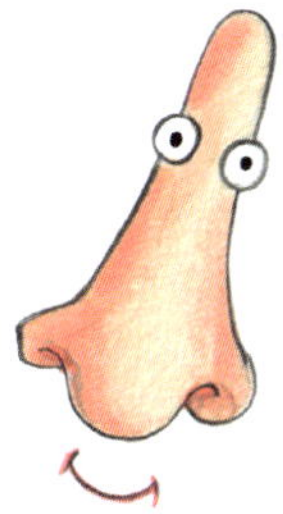

Nasenputzspruch

Blubber, blubber, Blubberblase
steigt aus deiner Schnüffelnase.
Darf ich da mal ran,
damit ich sie fangen kann?

Mit dem Taschentuch winken
Sanft auf die eigene Nase (oder die des Kindes) tippen
Nase putzen

Weiterführung

Noch einmal lustig blubbern lassen,
feste aus der Nase blasen.

Was duftet hier?

Vor dem Vespern oder beim Backen

Alle:	
Mmmmh, was duftet hier im Haus?	*Schnuppern*
Mmmmh, wo steigt der Duft heraus?	*Schnuppern*
1. Kind:	
Aus dem Mülleimer?	*Fragegeste mit den Händen*
Alle:	
Nein! Das kann doch nicht sein.	*Kopf schütteln*
Mmmmh, was duftet hier im Haus?	*Schnuppern*
Mmmmh, wo steigt der Duft heraus?	*Schnuppern*
2. Kind:	
Aus dem Klo?	*Fragegeste mit den Händen*
Alle:	
Nein! Das kann doch nicht sein.	*Kopf schütteln*
Mmmmh, was duftet hier im Haus?	*Schnuppern*
Mmmmh, wo steigt der Duft heraus?	*Schnuppern*
3. Kind:	
Aus deinen Schuhen?	*Fragegeste mit den Händen*
Alle:	
Nein! Das kann doch nicht sein.	*Kopf schütteln*
Mmmmh, was duftet hier im Haus?	*Schnuppern*
Mmmmh, wo steigt der Duft heraus?	*Schnuppern*

Schluss

Erzieherin:
Aus eurer Vesperdose?
Ja! Wir schauen, was ihr Leckeres dabeihabt ...

Variante:
Aus dem Ofen?
Ja! Wir schauen, wie weit unsere Plätzchen sind ...

Guten Appetit!

Vor dem Essen

Alle:	
Mein Bauch, der knurrt	*Bauch halten*
und schimpft mit mir!	*Zeigefinger schwingen*
Gibt's denn nichts zu essen hier?	*Fragend die Hände halten*
1. Kind:	
Ein halbes Wildschwein	*Mit den Händen Teller formen*
darf es sein.	*Alle Kinder reiben sich den Bauch*
Erzieherin:	
Nein, nein! Lass mal sein!	*Kopf schütteln*
Alle:	
Mein Bauch, der knurrt	*Bauch halten*
und schimpft mit mir!	*Zeigefinger schwingen*
Gibt's denn nichts zu essen hier?	*Fragend die Hände halten*
2. Kind:	
Eine Riesenpizza	*Mit den Händen Teller formen*
darf es sein.	*Alle Kinder reiben sich den Bauch*
Erzieherin:	
Nein, nein! Lass mal sein!	*Kopf schütteln*
Alle:	
Mein Bauch, der knurrt	*Bauch halten*
und schimpft mit mir!	*Zeigefinger schwingen*
Gibt's denn nichts zu essen hier?	*Fragend die Hände halten*
3. Kind:	
Eine Pfannkuchentorte	*Mit den Händen Teller formen*
darf es sein.	*Alle Kinder reiben sich den Bauch*

…

Schluss

Erzieherin:

Nein, nein! Lass mal sein! — *Kopf schütteln*
Das könnt ihr vergessen. — *Abwinken*

Alle:

Jetzt wird aus der Vesperbox gegessen! — *Dosen auspacken*
Guten Appetit!

Anziehen leicht gemacht

Garderobenspiel für kalte Tage

Alle:
Ich ziehe meine Hosen an
und zeige, was ich damit kann.
Strampel, strampel, könnt ihr es sehen?
Strampel, strampel, nur nicht stehen ...

Erzieherin:
Wer hat schon die Schneehose an?
Der strampelt leise.

Alle:
Ich ziehe meine Jacke an
und zeige, was ich damit kann.
Ritsche, ratsche, könnt ihr es sehen?
Ritsche, ratsche, nur nicht stehen ...

Erzieherin:
Wer ist schon in die Jacke geschlüpft?
Der kann den Reißverschluss – ritsche, ratsche – schließen.
(Wer kann noch einem anderen Kind helfen?
Der kann den Reißverschluss – ritsche, ratsche – schließen.)

Alle:
Ich ziehe meine Schuhe an
und zeige, was ich damit kann.
Stampfen, stampfen, könnt ihr es sehen?
Stampfen, stampfen, nur nicht stehen ...

Erzieherin:
Wer hat es in die Schuhe geschafft?
Der darf leise stampfen.

Alle:
Ich ziehe meine Mütze an
und zeige, was ich damit kann.
Wackel, wackel, könnt ihr es sehen?
Wackel, wackel, nur nicht stehen ...

Erzieherin:
Wer hat die Mütze auf?
Der darf mit dem Kopf wackeln.

Alle:
Ich ziehe meine Handschuhe an
und zeige, was ich damit kann.
Winken, winken, könnt ihr es sehen?
winken, winken, nur nicht stehen ...

Erzieherin:
Wer hat die Handschuhe schon an?
Der darf winken.

Anmerkung

Gerade an kälteren Tagen wird das Anziehen zur Herausforderung. Kurze Anziehsprüche helfen Kindern, die Kleidung in der richtigen Reihenfolge anzuziehen.
Außerdem sind ältere Kinder oft schneller angezogen als die jüngeren. Damit Warten nicht zur Geduldsprobe wird, zeigen die Kinder leise an, wie weit sie sind.

Alle Affen glotzen

Zuhör-Reim

Alle Affen glotzen,	*Mit Zeigefinger und Daumen Augen aufhalten*
schreien laut und motzen.	*Affengeräusche („ahu, ahu, ahu")*
Alle Affen glotzen,	*Mit Zeigefinger und Daumen Augen aufhalten*
schreien laut und motzen.	*Affengeräusche („ahu, ahu, ahu")*
Schmatzen die Bananen weg,	*Schmatzgeräusche*
schmatzen die Bananen weg.	*Schmatzgeräusche*
Doch, o weh!	*Alle sind plötzlich ganz leise*
Plötzlich kommt der Affenschreck!	*Hände vor den Mund halten*
Erzieherin:	
AHHHHHUAHHHHHUAHHHH!	*Erzieherin ruft leise und wirft Arme in die Luft*
Alle Affen sehn mich an,	*Trommelt leise auf die Brust*
damit ich euch was sagen kann: …	*Flüstert*

Anmerkung

Am Versende sind die Kinder leise und hören gespannt zu, was die Erzieherin ihnen mitteilen will.

Familie Bär brummt

Vor dem Schlafen oder einer Ruhephase

Papa Bär	*Daumen hochhalten*
brummt:	*Hände wie Pranken nach oben*
„Brumm, brumm, brumm, brumm	*Pranken nach oben und unten bewegen*
brumm, brumm, brumm.“	
Mama Bär	*Zeigefinger hochhalten*
brummt:	*Hände wie Pranken nach oben*
„Brumm, brumm, brumm, brumm	*Pranken nach oben und unten bewegen*
brumm, brumm, brumm.“	
Bruder Bär	*Mittelfinger hochhalten*
brummt:	*Hände wie Pranken nach oben*
„Brumm, brumm, brumm, brumm	*Pranken nach oben und unten bewegen*
brumm, brumm, brumm.“	
Schwester Bär	*Ringfinger hochhalten*
brummt:	*Hände wie Pranken nach oben*
„Brumm, brumm, brumm, brumm	*Pranken nach oben und unten bewegen*
brumm, brumm, brumm.“	
Baby Bär	*Kleinen Finger hochhalten*
gähnt:	*Hand vor den Mund und gähnen*
„Ich mach jetzt Winterschlaf.	*Arme strecken und dehnen*
Chr, chr, chr, chr“	*Schnarchen*

Schluss

Besonders im Herbst und Winter eignet sich das Spiel als Einschlafritual oder vor einer Ruhephase. Am Ende kann die Erzieherin den Kindern, die das gerne mögen, zur Entspannung über den Rücken streichen.
Ist es Frühling, weckt die Erzieherin Baby Bär am Ende mit den Worten: „Hallo, kleiner Bär, aufgewacht, es ist Frühling!“

Frau Schlemmermund

Schlemmervers

Frau Schlemmermund, Frau Schlemmermund
aß alles, ob gesund oder ungesund,
es landete in ihrem Mund.
Dann schob sie sich
zicke-zacke, zicke-zacke, *Mit Zeigefinger abwechselnd die Backen antippen,*
alles in die Backe. *Mund mit Luft füllen, mit Händen Luft herauspressen*

Lag da ein Berg Gummibärchen,
ging es zicke-zacke, zicke-zacke, *Tippen*
alles in die Backe. *Mund mit Luft füllen*

Lag da ein Stück Schokolade,
ging es zicke-zacke, zicke-zacke, *Tippen*
alles in die Backe. *Mund mit Luft füllen*

Sah sie eine Erdbeertorte,
ging es zicke-zacke, zicke-zacke, *Tippen*
alles in die Backe. *Mund mit Luft füllen*

Lag da …?

Nun sind die Kinder dran! Was hat Frau Schlemmermund alles gesehen und, zicke-zacke, zicke-zacke, in die Backe gesteckt?

Schluss

Und weil bei Frau Schlemmermund alles, *Mund mit Luft füllen*
zicke-zacke, in der Backe, landete,
sah sie oft aus wie ein Hamster. *Mund mit Luft füllen*

Aber Frau Schlemmermund
hatte viele Freunde um sich rum.
Die machten ihr die Backen wieder leer,
ganz vorsichtig, lieb und fair.

Nun dürfen sich die Kinder, wenn sie mögen, gegenseitig – vorsichtig – die Luft aus den Backen drücken.

Variante

Diesen Spruch können Erzieherinnen beim Mittagessen nutzen, wenn die Kinder stark abgelenkt sind, zum Beispiel:

So, Lana Schlemmermund,
jetzt aber, zicke-zacke, zicke-zacke,
die Kartoffeln in die Backe.

Tierisch gereimt

Tierische Abzählreime

Einzählverse

Es springt ein Floh, es springt ein Floh,	*Hohe Stimmlage*
und zwar so ...	
Zwei nach vorne,	*Eins, zwei!*
drei zurück.	*Ein, zwei, drei!*
Du bist dran, was für ein Glück!	

Ein kleiner Wurm	*Den Zeigefinger beim Abzählen wie einen*
kriecht auf einen Turm,	*Wurm bewegen*
bis er nicht mehr kann,	
und du bist dran.	

Das Huhn macht gack,
das Schwein macht chrr,
die Kuh macht muh
und dran bist du.

Schimpanse, Schimpanse,	*Mit einer Hand am Kopf kratzen, mit*
will immer nur tanzen,	*der anderen Hand abzählen*
hört nicht zu	
und dran bist du.	

Das Faultier	
schläft den ganzen Tag,	*Langsam zählen*
weil es sonst nichts andres mag.	
Du bist wach und hörst mir zu:	*Schnell zählen*
Dran bist du!	

Die Katze schnurrt
und schmiegt sich an,
deshalb bist du
endlich dran!

Die Schnecke	*Langsam sprechen*
kriecht zu langsam an,	*Langsam sprechen*
deshalb ist jetzt	*Langsam sprechen*
... dran.	*Name des Kindes schnell sprechen*

Auszählverse

Es piepst und pupst die Maus
und du bist raus.

Ein Löwe fährt die Krallen aus
1, 2, 3, 4, 5 ... *Finger nacheinander wie Krallen beugen*
und du bist raus! *Spielerisch wie ein Löwe nach dem Kind greifen*

1, 2, 3, 4
kleine Schnecken
wollen den müden Igel wecken.
Der Igel macht schleck *Schleckbewegung*
und du bist weg!

Das Huhn macht gack *Kind sagt „gack", flattert mit den Flügeln*
und legt ein Ei, *Kind geht kurz in die Hocke*
für dich ist dieses Spiel vorbei.

Das Stinktier stinkt,
dich packt der Graus,
du rennst weg
und du bist raus.

Viele kleine Gespenster,
schauen aus dem Fenster.
Sehen dich und rufen: „Buh!"
und weg bist du.

Fünf Fledermäuse

Fingerspiel

Eine Fledermaus hängt an einem Ast, sie hat schon den ganzen Tag verpasst.	*Daumen nach unten halten* *Hin und her pendeln*
Die zweite lässt sich auch schön hängen, sie will den ganzen Tag nur pennen.	*Zeigefinger nach unten halten* *Hin und her pendeln*
Auch die dritte wird nicht wach, die Sonne machte sie zu schwach.	*Mittelfinger nach unten halten* *Hin und her pendeln*
Die vierte kann es gar nicht verstehen, wie kann man nur so früh aufstehen?!	*Ringfinger nach unten halten* *Hin und her pendeln*
Der fünften kleinen Fledermaus hängt das Hängen jetzt zum Hals heraus. Sie fiept ganz laut und aufgebracht: „Aufgewacht, es ist jetzt Nacht!“	*Kleinen Finger nach unten halten* *Kleinen Finger nach oben strecken* *Mit dem kleinen Finger wackeln*
Schhhhhhhhh...	*Alle Fledermäuse (Finger) fliegen und schütteln sich*

Herr Specht

Klopfspiel

Tock, tock, tock,	*Mit Knöcheln oder Klanghölzern klopfen*
was hämmert hier im Wald?	*Arme fragend ausbreiten*
Tock, tock, tock,	*Klopfen*
es hämmert und es knallt!	*Im Takt klopfen*
Tock, tock, tock,	*Klopfen*
was hämmert hier im Wald?	*Arme fragend ausbreiten*
Tock, tock, tock,	*Klopfen*
es hämmert und es schallt!	*Im Takt klopfen*
Tock, tock, tock,	*Klopfen*
es ist ein bunter Herr.	
Tock, tock, tock,	*Klopfen*
könnt ihr mir sagen wer?	

Die Erzieherin lässt eine Pause, damit die Kinder das Tier erraten können.

Es ist Herr Specht,	
tock, tock, tock.	*Klopfen*
Er hämmert nicht schlecht,	
tock, tock, tock.	*Klopfen*
Er knallt und schallt,	
tock, tock, tock.	*Klopfen*
Im ganzen Wald,	
tock, tock, tock.	*Klopfen*

Schluss

Plötzlich ist es still,	
er sieht etwas, was er will.	
Eine fette Raupe kriecht von Blatt zu Blatt.	*Mit Finger die Raupe spielen*
Herr Specht macht schnapp	*Einmal Klatschen*
und er ist satt.	*Bauch reiben*

Schneckensalat

Fingerrätsel

Schnecke,	*Zeigefinger und Mittelfinger nach oben*
schmatz, schmatz, schmatz	*Die beiden Finger berühren den Daumen*
Schnecke,	*Zeigefinger und Mittelfinger nach oben,*
schmatz, schmatz, schmatz.	*Die beiden Finger berühren den Daumen*
Salat,	*Salat mit Händen formen*
huuch.	*Hände zitternd nach oben strecken*
Salat,	*Salat mit Händen formen*
huuch.	*Hände zitternd nach oben strecken*
Schnecke,	*Zeigefinger und Mittelfinger nach oben*
schmatz, schmatz, schmatz.	*Die beiden Finger berühren den Daumen*
Schnecke,	*Zeigefinger und Mittelfinger nach oben*
schmatz, schmatz, schmatz.	*Die beiden Finger berühren den Daumen*
Salat,	*Salat mit Händen formen*
huuch.	*Hände zitternd nach oben strecken*
Salat,	*Salat mit Händen formen*
huuch.	*Hände zitternd nach oben strecken*
Igel,	*Hand mit gestreckten Fingern*
tapp, tapp, tapp.	*Mit Fingern tippeln*
Igel,	*Hand mit gestreckten Fingern*
tapp, tapp, tapp.	*Mit Fingern tippeln*
Schnecke,	*Zeigefinger und Mittelfinger nach oben*
huuch.	*Hände zitternd nach oben strecken*
Schnecke,	*Zeigefinger und Mittelfinger nach oben*
huuch.	*Hände zitternd nach oben strecken*
Igel,	*Hand mit gestreckten Fingern*
tapp, tapp, tapp.	*Mit Fingern tippeln*
Igel,	*Hand mit gestreckten Fingern*
tapp, tapp, tapp.	*Mit Fingern tippeln*

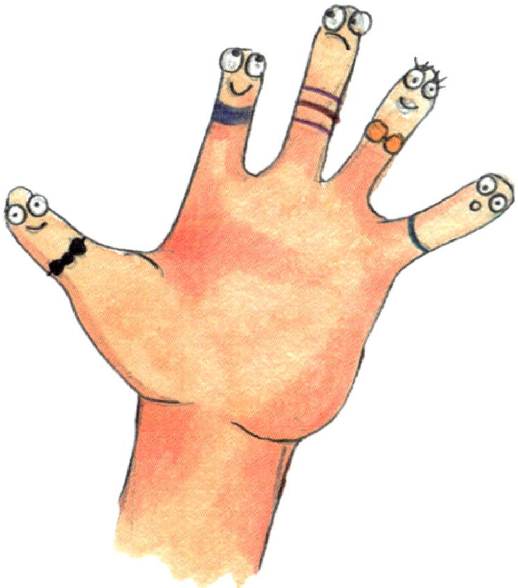

Schnecke,	*Zeigefinger und Mittelfinger nach oben*
huuch.	*Hände zitternd nach oben strecken*
Schnecke,	*Zeigefinger und Mittelfinger nach oben*
huuch.	*Hände zitternd nach oben strecke*
Igel,	*Hand mit gestreckten Fingern*
tapp, tapp, tapp.	*Mit Fingern tippeln*
Igel,	*Hand mit gestreckten Fingern*
tapp, tapp, tapp.	*Mit Fingern tippeln*
Igel,	*Hand mit gestreckten Fingern*
schnapp,	*Hand greift zu*
Salat?	*Salat andeuten*
Jupidudapp!	*Beide Arme jubelnd nach oben strecken*

Weiterführung

Die Kinder rätseln: Was ist hier passiert?

Was fliegt denn hier herum?

Fliegspiel

Summ, was war denn das?	*Mit dem Kopf von links nach rechts*
Summ, was war denn das?	*Mit dem Kopf von rechts nach links*
Summ, summ, summ,	*Den Kopf hin- und herbewegen*
was fliegt denn hier herum?	*Arme fragend ausbreiten*
Es ist Tine, summ, summ, summ,	*Mit angewinkelten Armen flattern,*
die flotte Biene, summ, summ, summ.	*dabei gehen*
Summ, was war denn das?	*Mit dem Kopf von links nach rechts*
Summ, was war denn das?	*Mit dem Kopf von rechts nach links*
Summ, summ, summ,	*Den Kopf hin- und herbewegen*
was fliegt denn hier herum?	*Arme fragend ausbreiten*
Es ist Krücke, summ, summ, summ,	*Mit angewinkelten Armen flattern,*
die stechende Mücke, summ, summ, summ.	*dabei gehen*
Summ, was war denn das?	*Mit dem Kopf von links nach rechts*
Summ, was war denn das?	*Mit dem Kopf von rechts nach links*
Summ, summ, summ,	*Den Kopf hin- und herbewegen*
was fliegt denn hier herum?	*Arme fragend ausbreiten*
Es ist Pummel, summ, summ, summ,	*Mit angewinkelten Armen flattern,*
die dicke Hummel, summ, summ, summ.	*dabei gehen*
Summ, was war denn das?	*Mit dem Kopf von links nach rechts*
Summ, was war denn das?	*Mit dem Kopf von rechts nach links*
Summ, summ, summ,	*Den Kopf hin- und herbewegen*
was fliegt denn hier herum?	*Arme fragend ausbreiten*
Es ist Herr Schäfer, summ, summ, summ,	*Mit angewinkelten Armen flattern,*
der knackige Käfer, summ, summ, summ.	*dabei gehen*

Summ, was war denn das?
Summ, was war denn das?
Summ, summ, summ,
was fliegt denn hier herum?

Mit dem Kopf von links nach rechts
Mit dem Kopf von rechts nach links
Den Kopf hin- und herbewegen
Arme fragend ausbreiten

Schluss

Es ist Frühling, summ, summ, summ,
der summt, der summt, der summt und brummt.

Alle brummen mit der Lippe und dürfen dann selbst herumfliegen

Der Bauer Firle Franz

Bewegungsgeschichte

Ein Schaf stand auf der Wiese und fraß	*Kauen*
das saftig grüne Gras.	*Mit Hand hin und her streichen*
Da schlich der freche Fuchs heran	*Anschleichen*
und das Schaf fing laut zu blöken an.	*Laut blöken*
Das hörte der Bauer Firle Franz,	*Hand an das Ohr legen*
er rannte los und packte den Fuchs am Schwanz.	*Strampeln und packen*
„Das ist doch nicht zu fassen,	*Wie ein Lasso schwingen*
wirst du wohl mein Schaf in Ruhe lassen?!“	
Dem Fuchs drehte sich alles im Kopf	*Kopf drehen*
und er rannte zickzack davon, der arme Tropf.	*Hin und her wippen*
Im offenen Stall stand ein Huhn,	*Flügelschlag*
pickte Körner und hatte sonst nichts zu tun.	*Mit dem Kopf picken*
Da schlich der freche Fuchs heran	*Anschleichen*
und das Huhn fing laut zu gackern an.	*Laut gackern*
Das hörte der Bauer Firle Franz,	*Hand an das Ohr legen*
er rannte los und packte den Fuchs am Schwanz.	*Strampeln und packen*
„Das ist doch nicht zu fassen,	*Wie ein Lasso schwingen*
wirst du wohl mein Huhn in Ruhe lassen?!“	
Dem Fuchs drehte sich alles im Kopf	*Kopf drehen*
und er rannte zickzack davon, der arme Tropf.	*Hin und her wippen*
Das Schwein lag auf dem Hof im Matsch,	*Arme nach vorn hängen lassen*
es machte pitsch und machte patsch.	*Mit den Händen patschen*
Da schlich der freche Fuchs heran	*Anschleichen*
und das Schwein fing laut zu grunzen an.	*Laut grunzen*
Das hörte der Bauer Firle Franz,	*Hand an das Ohr legen*
rannte los und packte den Fuchs am Schwanz.	*Strampeln und packen*
„Das ist doch nicht zu fassen,	*Wie ein Lasso schwingen*
wirst du wohl mein Schwein in Ruhe lassen?!“	
Dem Fuchs drehte sich alles im Kopf	*Kopf drehen*
und er rannte zickzack davon, der arme Tropf.	*Hin und her wippen*

Die Ente watschelte zum See,	*Watscheln*
für ein Bad – juhu, juhe.	*Mit den Flügeln schlagen*
Da schlich der freche Fuchs heran	*Schleichen*
und die Ente fing laut zu quaken an.	*Laut quaken*
Das hörte der Bauer Firle Franz,	*Hand ans Ohr legen*
rannte los und packte den Fuchs am Schwanz.	*Strampeln und packen*
„Das ist doch nicht zu fassen,	*Wie ein Lasso schwingen*
wirst du wohl meine Ente in Ruhe lassen?!“	
Dem Fuchs drehte sich alles im Kopf	*Kopf drehen*
und er rannte zickzack davon, der arme Tropf.	*Hin und her wippen*
Die Bäuerin im Garten saß	*In die Hocke gehen*
und unterm Baum nen Apfel aß.	*Schmatzgeräusche machen*
Da schlich der freche Fuchs heran	*Schleichen*
und die Bäuerin fing laut zu kreischen an.	*Laut kreischen*
Das hörte der Bauer Firle Franz,	*Hand ans Ohr legen*
rannte los und packte den Fuchs am Schwanz.	*Strampeln und packen*
„Das ist doch nicht zu fassen,	*Wie ein Lasso schwingen*
wirst du wohl meine Frau in Ruhe lassen?!“	
Dem Fuchs drehte sich alles im Kopf	*Kopf drehen*
und er rannte zickzack davon, der arme Tropf.	*Hin und her wippen*
Nun ging der Fuchs nicht mehr auf den Bauernhof,	*Mit Zeigefinger verneinen*
das Theater mit Franz wurde ihm jetzt doch zu doof.	*Abwinken*
Denn wegen Bauer Firle Franz	
hat er ein Schütteltrauma von Kopf bis Schwanz.	*Den ganzen Körper schütteln*

Weiterführung

Die Kinder überlegen gemeinsam, welche Tiere noch auf dem Hof leben, und spielen die Geschichte entsprechend weiter, zum Beispiel:

Der Hase auf der Wiese saß
und eine Karotte fraß.

Das Pferd über Hecken galoppierte,
merkte nicht, was da passierte.

Noch eine Geschichte von Bauer Firle Franz

Geräuschereim

Es lebte mit allen Tieren auf dem Bauernhof	*Mäh, gack, gack, muh ...*
das Schweinchen Klaus, gar nicht doof.	*Grunzen*
Doch Klaus, das kleine rosa Schwein,	*Grunzen*
war zu allen Tieren hundsgemein.	*Wau, wau*
Im Stall, da war Klaus hemmungslos,	*Grunzen*
pupste einfach nur drauflos.	*Pupsgeräusche*
Beim Abendbrot, da schmatzte er,	*Schmatzgeräusche*
drum fiel sogar der Maus das Essen schwer.	*Piep piep*
Und manchmal versteckte er sich hinter Hecken,	*Zeigefinger vor den Mund*
um andere Tiere grunzend zu erschrecken.	*Grunzen*
Im großen Gehege, ach du Schreck,	
bewarf er Hahn, Esel und Pferd mit Dreck.	*Kikeriki, iah, üüühh*
Dabei traf er auch einmal Bauer Firle Franz	
Und der packte ihn? Genau, am rosa Schwanz:	
„Wirfst du einmal noch mit Dreck,	
wird aus dir ein fetter Speck."	*Quiiiek*
Von da an war Schwein Klaus ganz brav	*Grunzen*
und alle mochten ihn,	
sogar das schwarze Schaf.	*Määääh*

Ich bin ein Huhn

Kreisspiel

Ich bin ein Huhn,	*Mit Flügeln schlagen*
pock, pock.	*Mit Kopf nicken*
Ich bin ein Huhn,	*Mit Flügeln schlagen*
pock, pock.	*Mit Kopf nicken*
Ich hab zu tun,	*Mit Flügeln schlagen*
pock, pock.	*Mit Kopf nicken*
Ich hab zu tun,	*Mit Flügeln schlagen*
pock, pock.	*Mit Kopf nicken*
Ich scharre hier,	*Mit linkem Fuß scharren*
ich scharre da,	*Mit rechtem Fuß scharren*
ich seh einen Wurm,	*Gackernd zur Kreismitte gehen*
ja wunderbar.	*Mit Flügeln schlagen*
Ich ziehe und ziehe und ziehe und	*Ziehend wieder zurückgehen*
flipp …	*Erschrecken*
Au Backe!	*Hände an die Wange halten*
Jetzt ist er mir auf die Wange geschnippt.	

Anmerkung

Die Kinder können diesen Reim im Stehen spielen und dazu im Kreis gehen. Bei Wiederholungen schnippt der Wurm auch mal ins Auge oder auf das Ohr und zum Schluss endlich in den Mund. Lecker!

Es pikt und juckt

Kratzspiel

Erzieherin:

Es pikt und juckt mich hier am Po. — *Am Po kratzen*
Hey, das warst doch du! — *Auf ein Kind zeigen*

1. Kind:

Ich? — *Auf sich selbst zeigen*
Nein, ich war das nicht. — *Abwinken*
Autsch! Jetzt pikt es mich! — *Auf einen Körperteil zeigen*

Alle:

Was? Wo? — *Fragende Gesten*

1. Kind:

Am xxx — *benennt Körperteil*
Hey, das war warst doch du? — *Zeigt auf ein Kind*

2. Kind

Ich? — *Auf sich selbst zeigen*
Nein, ich war das nicht. — *Abwinken*
Autsch! Jetzt pikt es mich! — *Auf einen Körperteil zeigen*

Alle:

Was? Wo? — *Fragende Gesten*

2. Kind:

Am xxx — *benennt Körperteil*
Hey, das war warst doch du? — *Zeigt auf ein Kind*

3. Kind:

Ich? — *Auf sich selbst zeigen*
Nein, ich war das nicht. — *Abwinken*
Autsch! Jetzt pikt es mich! — *Auf einen Körperteil zeigen*

Alle:

Was? Wo? — *Fragende Gesten*

3. Kind:
Am xxx — *benennt Körperteil*
Hey, das war warst doch du? — *Zeigt auf ein Kind*

Alle:
Was? Wo? — *Fragende Gesten*

4. Kind:
Ich? — *Auf sich selbst zeigen*
Nein, ich war das nicht. — *Abwinken*
Autsch! Jetzt pikt es mich! — *Auf einen Körperteil zeigen*

Alle:
Was? Wo? — *Fragende Gesten*

4. Kind:
Am xxx — *benennt Körperteil*
Hey, das war warst doch du? — *Zeigt auf ein Kind*

...

Schluss

Hey, das warst doch du! — *In die Luft zeigen*
Ssssüsssssisssassuuu — *Wilde Kreise in der Luft malen*
Klatsch! — *Einmal in die Hände klatschen*
Es war die Mücke Pik, die Summsuse! — *Am ganzen Körper kratzen*

Der Haddel-Daddel

Gegenteilreim

Der Haddel-Daddel, glaubt es mir,	
ist ein ungewöhnliches Getier.	
Er ist mal groß, so wie ein Baum,	*Groß machen*
er ist mal klein, so wie ein Kieselstein,	*Klein machen*
ja, er könnte alles sein.	*Mit dem Kopf nicken*
Der Haddel-Daddel, glaubt es mir,	
ist ein ungewöhnliches Getier.	
Er ist mal dick, so wie eine Kuh,	*Arme ausbreiten*
er ist mal dünn, so wie ein Spinnenbein,	*Bauch einziehen*
ja, er könnte alles sein.	*Mit dem Kopf nicken*
Der Haddel-Daddel, glaubt es mir,	
ist ein ungewöhnliches Getier.	
Er ist mal haarig, so wie ein Zottelbär,	*Über die Haare wuscheln*
er ist mal nackig, so wie ein Schwein,	*Über die Unterarme streichen*
ja, er könnte alles sein.	*Mit dem Kopf nicken*
Der Haddel-Daddel, glaubt es mir,	
ist ein ungewöhnliches Getier.	
Er läuft mal grade, so wie ein Strich,	*Arme anlegen, strecken*
er läuft mal schräg mit krummem Bein,	*Sich krümmen*
ja, er könnte alles sein.	*Mit dem Kopf nicken*
Der Haddel-Daddel, glaubt es mir,	
ist ein ungewöhnliches Getier.	
Er ist mal schnell, so wie ein Gepard,	*Schnell auf der Stelle rennen*
oder langsam, so wie ein Schneckelein,	*Ganz langsam treten*
ja, er könnte alles sein.	*Mit dem Kopf nicken*
Der Haddel-Daddel, glaubt es mir,	
ist ein ungewöhnliches Getier.	
Manchmal kann er lustig lachen,	*Lachen*
singen, tanzen, Unsinn machen.	*Tanzbewegungen machen*
Manchmal kann er auch traurig sein	*Weinen*
und fühlt sich etwas allein.	*Traurig schauen*

Dann kommt er zu dir,
macht sich mit dir dick und dünn — *Arme ausbreiten, Bauch einziehen*
und groß und klein, — *Groß machen, klein machen*
ja, dann könnt ihr zusammen alles sein.

Weiterführung

Was wollen die Kinder noch gerne sein? Mal biegsam, mal steif – mal laut, mal leise – mal brav, mal frech – mal wach, mal müde?

Schluss

Der Haddel-Daddel, glaubt es mir,
ist ein ungewöhnliches Getier.
Den Haddel-Daddel kannst du nicht sehen,
er wird immer schützend hinter dir stehen.
Der Haddel-Daddel gibt auf dich acht,
bei hellem Tag und in der Nacht.

Hühnchen, Hühnchen, du musst gehen

Kreisspiel

Ein Kind geht mit einem Rassel-Ei um den Kreis herum, ein anderes spielt den Hahn.

Hühnchen, Hühnchen, du musst gehen, Hühnchen, Hühnchen darf nicht stehen. Hühnchen, Hühnchen legt ein Ei, eins, zwei, drei ...	*1. Kind geht mit Rassel-Ei um den Kreis herum* *Setzt sich vor ein Kind* *Brüten, Ei ablegen*
Da schreit der Hahn laut Kikeriki, jetzt kommt das nächste Federvieh.	*2. Kind ruft „Kikeriki"* *Alle flattern mit den Flügeln*
Hühnchen, Hühnchen, du musst gehen, Hühnchen, Hühnchen darf nicht stehen. Hühnchen, Hühnchen, legt ein Ei, eins, zwei, drei ...	*3. Kind nimmt Rassel-Ei vor sich, geht um den Kreis herum* *Setzt sich vor ein Kind* *Brüten, Ei ablegen*
Da schreit der Hahn laut Kikeriki, jetzt kommt das nächste Federvieh.	*2. Kind ruft „Kikeriki"* *Alle flattern mit den Flügeln*

...

Schluss

Erzieherin:
Hühnchen, Hühnchen, es ist gut,
Eier haben wir genug.
Schluss jetzt mit der Legerei –
jetzt gibt es Rührei!

Kinder stampfen mit den Füßen, um imaginäre Eier zu zerstampfen

Der Elefant aus Afrika

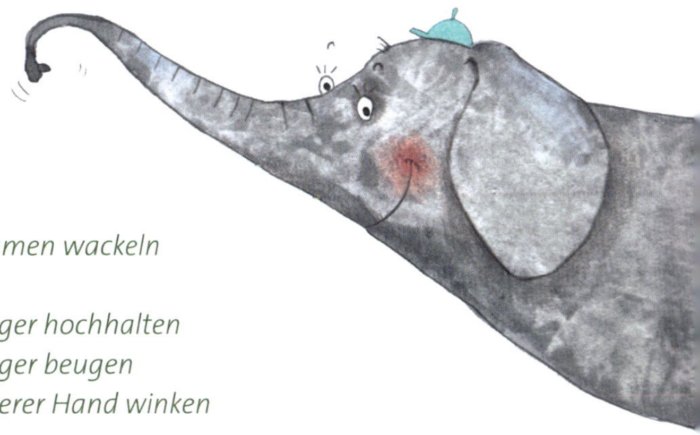

Fingerspiel

Aus Afrika kommt der Elefant	*Mit Daumen wackeln*
groß und schwer dahergerannt.	
Bleibt das Zebra vor ihm stehen,	*Zeigefinger hochhalten*
verbeugt sich,	*Zeigefinger beugen*
sagt Hallo und auf Wiedersehen.	*Mit anderer Hand winken*
Aus Afrika kommt der Elefant	*Mit Daumen wackeln*
groß und schwer dahergerannt.	
Bleibt die Giraffe vor ihm stehen,	*Mittelfinger hochhalten*
verbeugt sich,	*Mittelfinger knicken*
sagt Hallo und auf Wiedersehen.	*Mit anderer Hand winken*
Aus Afrika kommt der Elefant	*Mit Daumen wackeln*
groß und schwer dahergerannt.	
Bleibt der Löwe vor ihm stehen,	*Ringfinger hochhalten*
verbeugt sich,	*Ringfinger knicken*
sagt Hallo und auf Wiedersehen.	*Mit anderer Hand winken*
Aus Afrika kommt der Elefant	*Mit Daumen wackeln*
groß und schwer dahergerannt.	
Bleibt das Mäuschen vor ihm stehen,	*Kleinen Finger hochhalten*
rennt der Elefant schnell weg	*Mit Daumen wackeln*
und sucht sich ein Versteck.	*Daumen in anderen Fingern verstecken*

Unser Dorf

Tiere kennenlernen

In unsrem Dorf,	
tschu, tschu,	*Angewinkelten Arm zweimal herunterziehen*
da ist was los,	
brrr, brrr,	*Motorrad fahren*
da wohnt Frau Klein,	
klein, klein	*Zweimal in die Knie gehen*
und auch Herr Groß,	
groß, groß.	*Zweimal auf die Zehenspitzen gehen*
Da wohne ich,	
ich, ich	*Auf sich zeigen*
und da wohnst du,	
du, du	*Auf ein anderes Kind zeigen*
und auch die Elsa,	
die bunte Kuh,	*Mit den Zeigefingern Hörner formen*
muh, muh.	*Muhen*
In unsrem Dorf,	
tschu, tschu,	*Angewinkelten Arm zweimal herunterziehen*
da ist was los,	
brrr, brrr,	*Motorrad fahren*
da wohnt Frau Klein,	
klein, klein	*Zweimal in die Knie gehen*
und auch Herr Groß,	
groß, groß.	*Zweimal auf die Zehenspitzen gehen*
Da wohne ich,	
ich, ich	*Auf sich zeigen*
und da wohnst du,	
du, du	*Auf ein anderes Kind zeigen*
und auch der Klaus,	
die graue Maus,	*Mit den Händen Mäuseohren formen*
piep, piep.	*Piepen*
In unsrem Dorf,	
tschu, tschu,	*Angewinkelten Arm zweimal herunterziehen*
da ist was los,	
brrr, brrr,	*Motorrad fahren*
da wohnt Frau Klein,	

klein, klein	*Zweimal in die Knie gehen*
und auch Herr Groß,	
groß, groß.	*Zweimal auf die Zehenspitzen gehen*
Da wohne ich,	
ich, ich	*Auf sich zeigen*
und da wohnst du,	
du, du	*Auf ein anderes Kind zeigen*
und auch der Gerd,	
das stolze Pferd,	*Auf der Stelle galoppieren*
ühhhhhh.	*Wiehern*

Variante

Und auch der Josch, der grüne Frosch, quak.	*Hüpfen wie ein Frosch*
Und auch die Sabse, die freche Katze, miau.	*Mit den Krallen kratzen*
Und auch die Jenne, die fette Henne, gack, gack.	*Flügelschlagen*
Und auch der Jan, der stolze Hahn, kikeriki.	*Auf den Stuhl steigen*

Natürlich ist auch in unsrer Stadt etwas los: Mara, das flitzende Fahrrad; Traudi, der schnelle Audi; Cornelius, der volle Bus; Hassan, die bimmelnde Straßenbahn.

Schluss

Ja, unser Dorf ist wunderschön,	
überall kann man Tiere sehn.	*Ausschau halten*
Ich seh die Henne, gack, gack.	
Und was siehst du?	

Die Kinder nennen ihre Lieblingstiere und machen die Geräusche dazu.

Ein dickes Schwein auf Reisen

Zuggeschichte

Ein dickes Schwein am Bahnhof stand,	*Daumen hochhalten*
es ist dem Bauern fortgerannt.	
Frau Schmidt kam dort hinzu	*Zeigefinger hochhalten*
ein Schwein am Bahnhof, dachte sie ...	*Mit den Händen Fragegeste machen*
Nanu?	
Herr Müller dachte beim Schwein	*Mittelfinger hoch halten*
nur noch an Speck	
und vergaß darüber sein Reisegepäck.	*Hand an die Stirn legen*
Ganz laut schrie dann Frau Haferbrei:	*Ringfinger hochhalten*
„Ein Schwein im Zug, ne Schweinerei!“	*Mit den Händen rufen*
Der kleine Till lachte und sprach:	*Kleinen Finger hochhalten*
„Könnt ihr es denn nicht verstehen?	*Arme ausbreiten*
Auch Schweine wollen mal auf Reisen gehen.“	
Und dann fahren alle ganz in Ruh’	
es geht los: chr..., tschu, tschu...	*Angewinkelten Arm zweimal herunterziehen*

Das Sti-, das Sta-, das Stacheltier

Körperteile benennen

Das Sti-, das Sta-, das Stacheltier,	*Hand mit ausgestreckten Fingern wackeln*
das kommt, das kommt so gern zu dir.	*Mit der Hand dem Kind näherkommen*
Und pikt und pikt dich	*Mit dem Zeigefinger kreisen*
genau hier.	*Eine Körperstelle sanft anstupsen bzw. Berührung nur andeuten*

Wo genau hat dich das Stacheltier gepikt?

Variation

Auch das Kind darf, wenn es darauf Lust hat, ein Stachelschwein sein und die Erzieherin an einer Körperstelle anstupsen.

Anmerkung

Körperspiele machen Kindern großen Spaß, benötigen aber auch eine besondere Sensibilität. Vor jeder Berührung sollten Erzieherinnen deshalb genau darauf achten, ob die Kinder damit einverstanden sind und sich mit der körperlichen Nähe wohlfühlen.

Jahreszeiten
Gedichte

Laut sein, leise sein

Vers zum Jahreskreislauf

Erzieherin oder 1. Kind:
Der Frühling erwacht, alle jubeln auf.

Alle:

Laut sein, bitte …	*Leise sprechen*
Laut sein, bitte …	*Lauter werden*
Laut sein, bitte …	*Lauter werden*
Laut, laut, laut!	*Mit lauter Stimme*

Erzieherin oder 2. Kind:
Der Sommer ruft, die Freude ist groß.

Alle:

Rufen, bitte …	*Leise sprechen*
rufen, bitte …	*Lauter werden*
rufen, bitte …	*Lauter werden*
Ruft, ruft, ruft!	*Laut herausrufen*

Erzieherin oder 3. Kind:
Der Herbst kommt, Ruhe zieht ein.

Alle:

Ruhe, bitte …	*Laut sprechen*
Ruhe, bitte …	*Leiser werden*
Ruhe, bitte …	*Leiser werden*
Ruhig, ruhig, ruhig!	*Ganz leise*

Erzieherin oder 4. Kind:
Der Winter kommt, alles wird still.

Alle:

Still sein, bitte ...	*Laut sprechen*
Still sein, bitte ...	*Leiser werden*
Still sein, bitte ...	*Leiser werden*
Still, still, still!	*Ganz leise flüstern, die Kinder sind ganz still und aufmerksam*

Erzieherin oder 5. Kind:
Und was kommt dann wieder?

Den Frühling erwecken

Frühlingsgedicht

Ping, ping, ping,	*Mit Zeigefingern auf den Tisch tippen*
Pang, pang, pang,	*Mit den Knöcheln auf den Tisch klopfen*
was ist das?	*Arme ausbreiten*
Es ist der Frühlingsgesang.	*Hand an das Ohr legen*
Im Winter gaben sich Erle, Birke, Haselnuss	*Beide Arme wie Bäume ausstrecken*
einen langen, kalten Abschiedskuss,	*Hände zusammenführen*
legten sich müde zur Ruh,	*Hände zusammen ablegen*
Schneeflocken deckten sie zu.	*Sanft Hände streicheln*
Jetzt kommt die Frühlingssonne sie wecken,	*Hände auseinander nehmen*
jeder Baum darf seine Knospen strecken.	*Finger spreizen*
Darf erblühen im hellen Sonnenlicht,	*Arme nach oben*
darf sich erfreuen an meinem Gesicht.	*Über die Wangen streicheln*
Endlich können wir uns wiedersehen,	*Alle fassen sich an den Händen*
den Frühling erwecken,	*Zusammen die Hände nach oben*
Blumen und Blüten neu entdecken.	*Loslassen und mit Fingern zappeln*

Starker Baum

Kraftreim

Der Bi-,	*Mit Fuß aufstampfen*
der Ba-,	*Mit anderem Fuß aufstampfen*
der Baum	*Fest auf dem Boden stehen, Hände in die Hüfte*
fing im Frühling plötzlich an zu hauen.	*Fäuste ballen*
Er schlug hin, er schlug her.	*Nach links und rechts boxen*
Er hatte Kraft und er schlug schwer.	*Muskeln zeigen, nach vorn boxen*
Er schlug nach oben	*Nach oben boxen*
und nach unten.	*Nach unten boxen*
Erst als die Vöglein sangen, die bunten,	*Leise pfeifen*
kam er langsam dann zur Ruh,	*Aufatmen, Arme hängen lassen*
hat nicht mehr mit den Ästen geschlagen,	*Mit Armen leicht schwingen*
wollte für sie schöne Blüten tragen,	*Arme langsam heben, die Hände zu Blütenkelchen öffnen*
lud Bienen und Schmetterlinge ein,	*Leicht mit den offenen Armen wippen*
alle Tiere durften bei ihm sein.	

Weiterführung

Jetzt können Erzieherinnen die Kinder fragen, welche Tiere sich auf den Bäumen niedergelassen haben. Wer lebt im und um ihren Baum? Welche Insekten schauen vorbei? Käfer, Hummeln, Wespen, Libellen, Spinnen? Vielleicht klettert auch ein Eichhörnchen den Stamm nach oben? Oder entdecken die Kinder eine Amsel, die gerade ihr Nest in den Ästen baut?

O – O – Osterhas

Eiersuch-Rap

Die Erzieherin spricht erst allein, dann wiederholen alle und rasseln dazu mit einem Rassel-Ei:

||: O – O – Osterhas, :||	*Im Takt rasseln*
||: hüpft und hüpft durchs grüne Gras. :||	*Im Takt rasseln*
Erzieherin:	
Wow, hüpfen macht Spaß!	*Alle hüpfen und rasseln*
Erzieherin erst allein, dann alle:	
||: O – O – Osterhas :||	*Im Takt rasseln*
||: schnüffelt durch das grüne Gras. :||	*Im Takt rasseln*
Erzieherin allein:	
Mmh, da erschnüffel ich was.	*Alle schnüffeln*
Erzieherin erst allein, dann alle:	
||: O – O – Osterhas :||	*Im Takt rasseln*
||: legt sich in das hohe Gras. :||	*Im Takt rasseln*
Erzieherin:	
Wer ist müde? Schnarch, schnarch!	*Alle Kinder schnarchen*
Erzieherin erst allein, dann alle:	
||: O – O – Osterhas, :||	*Im Takt rasseln*
||: hallo, du vergisst doch was! :||	*Im Takt rasseln*
Erzieherin:	
Welche tollen Sachen	
sollte der Osterhas eigentlich machen?	
Oh ... jaaa!	*Hand an die Stirn*

Erzieherin erst allein, dann alle:

||: O – O – Osterhas :|| *Schnell im Takt rasseln*
||: gibt jetzt endlich ganz viel Gas. :|| *Schnell im Takt rasseln*

Erzieherin:

Schnell in allen geheimen Ecken
Ostereier verstecken! *Jedes Kind versteckt sein Rassel-Ei*

Nachdem die Kinder die Rassel-Eier versteckt haben, spricht die Erzieherin erst allein, dann alle:

||: O – O – Osterhas, :|| *Im Takt klatschen*
||: sagt und sagt, :|| *Im Takt klatschen*
||: nix mehr gefragt, :|| *Im Takt klatschen*
||: gleich wird losgejagt. :|| *Im Takt klatschen*

Erzieherin:

Eier suchen! *Alle Kinder suchen ein Ei*

Schluss

Wer ein Ei gefunden hat, setzt sich hin und rasselt, bis alle Eier gefunden wurden.

Des Osterhasen härtester Fall

Osterkrimi

O Schreck, o Graus, o Schreck, o Graus, dem Osterhasen reißen die Hühner aus.	*Hände auf Wange* *Hasenohren*
Das erste Huhn flattert auf einen Baum, der Osterhase streckt sich, erreicht es aber kaum.	*Daumen zeigen, flattern* *In die Höhe strecken*
Das zweite Huhn flattert runter zum Fluss, da bekommt der Osterhase einen nassen Fuß.	*Zeigefinger, Schwimmbewegung* *Fuß schütteln*
Das dritte Huhn flattert ins Bauernhaus, der Osterhase holt es aber schnell wieder raus.	*Mittelfinger, Dach andeuten* *Huhn greifen*
Das vierte Huhn flattert auf den Mist, der Osterhase schnappt es, als es nen Wurm frisst.	*Ringfinger, Nase zuhalten* *Schmatzen*
Das fünfte Huhn will ihn wirklich necken, es versteckt sich hinter den Rosenhecken.	*Kleiner Finger* *Kinder dürfen einander leicht piken oder gehen in die Hocke*
Autsch! Puh! Endlich hat er alle wieder im Stall. Das war für den Osterhasen ein harter Fall.	*Mit Hand über die Stirn wischen*

Regentropfenvers

Silbenbetontes Rhythmusgedicht

Regentropfen fallen aus den Wolken,	*Mit den Fingern nach unten rieseln*
es macht platsch.	*Mit den Händen auf den Boden platschen*
O, wie nass,	*Hände ausschütteln*
o, wie nass,	*Hände ausschütteln*
pitsche, patsche, das macht Spaß.	*Abwechselnd mit den Händen auf den Boden patschen*

Variante

Tröpfelt es heute nur oder regnet es Bindfäden? Ob die Regentropfen schnell oder langsam fallen, lässt sich mit dem Sprachtempo ausdrücken. Auch die Regenstärke können Erzieherinnen zusammen mit den Kindern variieren: Regnet es fein, dann sprechen alle den Spruch mit einer hohen Stimme. Regnet es fest, dann wird der Spruch mit einer tiefen Stimme vorgetragen.

Raschel, raschel, raschel

Herbstreim

Raschel, raschel, raschel,	*Hände reiben*
ruschel, ruschel, ruschel,	*Hände reiben*
was ist das?	*Hand an das Ohr halten*
Es ist das Herbstgetuschel.	*Flüstern*
Buche und Birke biegen sich im Wind,	*Arme über Kopf schwingen*
die bunte Blätterzeit beginnt.	*Mit Fingern zappeln*
Bis sie sich müde in den Schlaf wiegen	*Mit Armen Baby wiegen*
und gelb-rote Blätter zur Erde fliegen.	*Hände hin und her nach unten wiegen*
Sie schlafen, schlafen, lange nun,	*Hände ruhend auf die Schenkel legen*
träumen und haben nichts zu tun.	
Der Winter deckt sie wärmend zu,	*Sanft über die Schenkel streichen*
stille nun, sie brauchen Ruh.	*Alle sind ganz still*
Sie schlafen tief und sammeln Kraft,	
bis die Frühlingssonne sagt: „Erwacht!“	*Langsam die Arme nach oben strecken*

Wer stapft denn da?

Ratespiel zum Nikolaustag

Wer stapft denn da daher? *Stampf, stampf*
Er stampft, er stampft so schwer. *Stampf, stampf*
Er trägt nen schweren Sack *Uff, uff*
auf dem Rücken huckepack. *Uff, uff*

Nein, es ist nicht Papa mit dem schweren
Rucksack!
Noch mal ...

Wer stapft denn da daher? *Stampf, stampf*
Er stampft, er stampft so schwer. *Stampf, stampf*
Er hat an ein rotes Kleid, *Ui, ui*
um die Hüften etwas breit. *Ui, ui*

Nein, es ist nicht Mama im weiten
Rüschenkleid!
Noch mal ...

Wer stampft den da daher? *Stampf, stampf*
Er stampft, er stampft so schwer. *Stampf, stampf*
Er will dich überraschen *Oh, oh*
und bringt dir was zum Naschen. *Mmh, mmh*

Wer ist es wohl?
Vielleicht der Klaus?
Nein, es ist der ...!

Der Nikolaus hat Rückenweh

Rollenspiel zum Nikolausfest

O jemine, o jemine, — *Hände an die Wangen halten*
der Nikolaus hat Rückenweh. — *An den Rücken fassen*
Er jammert und stöhnt, der alte Nikolaus,
denn er kommt, denn er kommt,
aus seinem Bett nicht raus.

O jemine, o jemine, — *Hände an die Wagen halten*
der Nikolaus hat Rückenweh. — *An den Rücken fassen*
Er wälzt sich und schimpft „ei der Daus!",
man hört es weit, man hört es weit,
bis in den Wald hinaus.

O jemine, o jemine, — *Hände an die Wangen halten*
der Nikolaus hat Rückenweh. — *An den Rücken fassen*
Hase, Reh und Fuchs kommen gelaufen
und finden und finden
den Nikolaus schwer schnaufend.

O jemine, o jemine, — *Hände an die Wangen halten*
der Nikolaus hat Rückenweh. — *An den Rücken fassen*
Aber er muss doch zu den Kindern gehn,
guck mal, guck mal,
sie werden bestimmt schon aus den Fenstern sehn.

O jemine, o jemine, — *Hände an die Wangen halten*
der Nikolaus hat Rückenweh. — *An den Rücken fassen*
„Ich kann den Sack nicht tragen,
mein Rücken, mein Rücken
will mich zu sehr plagen."

O jemine, o jemine, — *Hände an die Wangen halten*
der Nikolaus hat Rückenweh. — *An den Rücken fassen*
Doch die Tiere machen jetzt nicht schlapp,
sie nehmen, sie nehmen,
den Nikolaus einfach huckepack.

O jemine, o jemine, der Nikolaus hat Rückenweh. So sieht man den Nikolaus mit den Tieren samt Nüssesack, samt Nüssesack in Richtung Dorf marschieren.	*Hände an die Wangen halten* *An den Rücken fassen*
O jemine, o jemine, der Nikolaus vergisst dabei sein Rückenweh. Und alle zusammen können eilen, o wie schön, o wie schön, um die Geschenke an die Kinder zu verteilen.	*Hände an die Wangen halten* *An den Rücken fassen*

Herr Nordpol

Aufwärm-Reim

Herr Nordpol, Herr Nordpol,	*Kreisbewegung um das Gesicht*
fühlt sich in Eiseskälte wohl.	*Muskeln zeigen*
Er wärmt sich gern mit heißem Tee,	*Pusten*
das heizt ihn auf von Kopf bis Zeh.	*Mit den Händen fächeln*
Dann reibt er sich die Hände heiß,	*Hände reiben*
da läuft ihm von der Stirn der Schweiß.	*Schweiß abwischen*
Er trampelt feste durch den Schnee,	*Stampfen*
so wärmt er sich den kalten Zeh.	*Mit Zehen/Füßen wackeln*
Er wackelt kräftig mit dem Po,	*Mit dem Po wackeln*
das macht er manchmal einfach so.	*Lachen*
Dann fängt er sich zum Mittagstisch	*Angel auswerfen*
einen großen, leckren Fisch.	*Schleckbewegung*
Das riecht der Eisbär Fridolin	*Schnüffeln*
und schleicht ganz leis zum Iglu hin.	*Anschleichen*
Herr Nordpol vom Fisch ganz prall	*Bauch halten*
lässt einen Rülps ... Ein Riesenknall!	*Rülpsen*
Deshalb rennt der Eisbär – so ein Schreck –	
ganz schnell vom Iglu weg.	*Mit den Füßen schnell strampeln*

Fünf kleine Glitzersterne

Weihnachts- und Elementgedicht

Fünf kleine Glitzersterne, die wanderten so gerne am großen Himmelszelt um die ganze Welt.	*Mit fünf Fingern wackeln* *Kreisbewegung*
Der erste Stern wollte eine Blume sein, deshalb wuchs er aus der Erde in den Himmel hinein.	*Daumen zeigen* *Arm nach oben bewegen*
Der zweite Stern wollte Wind und Donner sein, deshalb schlich er sich in eine Wolke hinein.	*Zeigefinger zeigen* *Pusten*
Der dritte Stern wollte im Wasser schwimmen, schau, man sieht ihn an der Oberfläche glimmen.	*Mittelfinger zeigen* *Schwimmbewegung*
Der vierte Stern wollte glühen in der Nacht und hat für dich ein Licht entfacht.	*Ringfinger zeigen* *Staunend nach oben sehen*
Der Fünfte hat dich gesehen, deshalb will er zu dir gehen.	*Kleinen Finger zeigen* *Aufeinander zeigen*
Trage deinen Stern bei dir, er gibt dir Kraft und leuchtet hell in dir.	*Rechte Hand bei sich auf das Herz legen* *Linke Hand auf rechte Hand*

Zauber-Zungen-Verse

Zaubermeister Fifikus

Zum Einstieg in die Kleisterarbeit oder das Malen mit Kleister

Zaubermeister Fifikus	
macht besser mit dem Zaubern Schluss,	*Mit Armen ein X formen*
denn alles, was er zaubern sollte,	*Unsichtbaren Zauberstab schwingen*
ihm einfach nicht gelingen wollte.	*Kopf schütteln*
Für seine Frau, die Fifigunde,	
zauberte er in einer verliebten Stunde.	
Fifikus schwang den Zauberstab ganz froh	
und der Spruch ging so:	
„Tulpen, Rosen, Orchideen	*Alle wiederholen den Spruch und*
sollen auf dem Tisch nun stehen."	*schwingen dabei den Zauberstab*
Doch Fifigunde fand das gar nicht nett,	
auf dem Tisch saß nun eine Schnecke, dick und fett.	
Zaubermeister Fifikus	
macht besser mit dem Zaubern Schluss,	*Mit Armen ein X formen*
denn alles, was er zaubern sollte,	*Zauberstab schwingen*
ihm einfach nicht gelingen wollte.	*Kopf schütteln*
Herr Rot von Rotburg einst zu ihm kam,	
weil ein Dieb sein Pferd wegnahm.	
Fifikus schwang den Zauberstab ganz froh	
und der Spruch ging so:	
„Hufgeklapper, weißes Fell,	*Alle wiederholen den Spruch und*
komm herbei, du Tier, ganz schnell!"	*schwingen dabei den Zauberstab*
Doch Herr Rot bekam beinahe einen Schock,	
denn was da kam, war nur ein alter Ziegenbock.	
Zaubermeister Fifikus	
macht besser mit dem Zaubern Schluss,	*Mit Armen ein X formen*
denn alles, was er zaubern sollte,	*Zauberstab schwingen*
ihm einfach nicht gelingen wollte.	*Kopf schütteln*

Beim großen Fest im Königssaal
war er verantwortlich für das Abendmahl.
Fifikus schwang den Zauberstab ganz froh
und der Spruch ging so:
„Grüne Bohnen, Schweinebraten,
all dies soll mir gut geraten."
Doch den König packte nur der Graus,
denn auf dem Teller sprang eine Maus.

Alle wiederholen den Spruch und schwingen dabei den Zauberstab

Zaubermeister Fifikus
macht besser mit dem Zaubern Schluss, *Mit Armen ein X formen*
denn alles, was er zaubern sollte, *Zauberstab schwingen*
ihm einfach nicht gelingen wollte. *Kopf schütteln*

Nun sah Herr Fifikus es ein:
Das Zaubern sollte für ihn wohl einfach nichts sein.
Doch dann zauberte er mit Pappmaschee und Kleister
und wurde der stadtgrößte Kleistermeister.

Hexe Karla Schneckenfuß

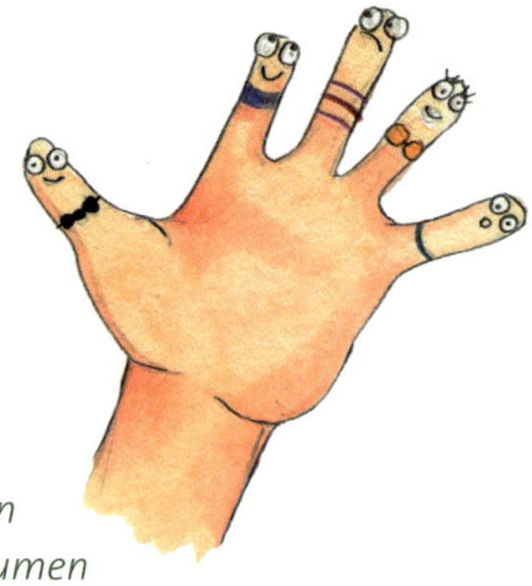

Fingerspiel

Die Hexe Karla Schneckenfuß
gab ihrem Mann einen Kuss,

Daumen hochhalten
Zeigefinger und Daumen berühren sich, schmatz

da war er, ach du Schreck,
einfach weg.

Zeigefinger zurücknehmen

Die Hexe Karla Schneckenfuß
gab ihrem Sohn einen Kuss,

Daumen hochhalten
Mittelfinger und Daumen berühren sich, schmatz

da war er, ach du Schreck,
einfach weg.

Mittelfinger zurücknehmen

Die Hexe Karla Schneckenfuß
gab ihrer Tochter einen Kuss,

Daumen hochhalten
Ringfinger und Daumen berühren sich, schmatz

da war sie, ach du Schreck,
einfach weg.

Ringfinger zurücknehmen

Die Hexe Karla Schneckenfuß
gab ihrem Kater einen Kuss,

Daumen hochhalten
Kleiner Finger und Daumen berühren sich, schmatz

da war er, ach du Schreck,
einfach weg.

Kleinen Finger zurücknehmen

Nun war Karla Schneckenfuß ganz allein,

Daumen hochhalten

zum Glück fiel ihr ein Zauberspruch ein:
„Alle meine Fingerlein

Daumen kreisen

sollen wieder bei mir sein.“
Hurra!

Mit allen Fingern winken

Poppi, das poppige Popcorn

Schnalzreim

Poppi,	*Schnalz, schnalz, schnalz (mit Finger oder Zunge)*
das poppige	*Schnalz*
Popcorn:	*Schnalz, schnalz, schnalz*
Es poppt,	*Schnalz*
es poppt,	*Schnalz*
es poppt,	*Schnalz*
bis es platzt!	*Klatsch*

Poppi,	*Schnalz, schnalz, schnalz*
das poppige	*Schnalz*
Popcorn:	*Schnalz, schnalz, schnalz*
Es poppt nach oben,	*Schnalz, schnalz*
es poppt nach unten,	*Schnalz, schnalz*
es poppt nach vorne	*Schnalz, schnalz*
und zurück,	*Nach hinten zeigen, schnalz, schnalz*
bis es …	*Hände langsam ausbreiten*
platzt!	*Klatsch*

Ich kau nen Gummibär

Übung zur Lockerung des Kiefers

Ich kau nen Gummibär,	*Dreimal Kaubewegung*
ich kau nen Gummibär,	*Dreimal Kaubewegung*
ich kau nen Gummibär,	*Dreimal Kaubewegung*
doch das geht wirklich schwer.	*Langsam kauen, Mund dabei weit öffnen*
Ich kau ihn links,	*Unterkiefer nach links schieben*
ich kau ihn rechts,	*Unterkiefer nach rechts schieben*
doch er klebt,	*Mit der Hand den Kiefer lockern*
was mach ich jetzt?	
Ich hab ihn!	*Gummibären rausholen und vorzeigen*
Und wieder rein in den Mund.	*Wieder in den Mund schieben*

...

Schluss

Ich kau nen Gummibär,	*Dreimal Kaubewegung*
ich kau nen Gummibär,	*Dreimal Kaubewegung*
ich kau nen Gummibär,	*Dreimal Kaubewegung*
doch das geht wirklich schwer.	*Langsam kauen, Mund dabei weit öffnen*
Ich kau ihn links,	*Unterkiefer nach links schieben*
ich kau ihn rechts,	*Unterkiefer nach rechts schieben*
doch er klebt,	*Mit der Hand den Kiefer lockern*
was mach ich jetzt?	
Ich lutsch den Gummibär,	*Zunge im Mund kreisen lassen*
ich lutsch den Gummibär,	*Zunge im Mund kreisen lassen*
ich lutsch den Gummibär,	*Zunge im Mund kreisen lassen*
das geht nicht ganz so schwer.	
Ich lutsch ihn links,	*Zunge nach links schieben*
ich lutsch ihn rechts,	*Zunge nach rechts schieben*
bis er weg ist.	
So ein ... (Mist)!	*Auf Oberschenkel schlagen*

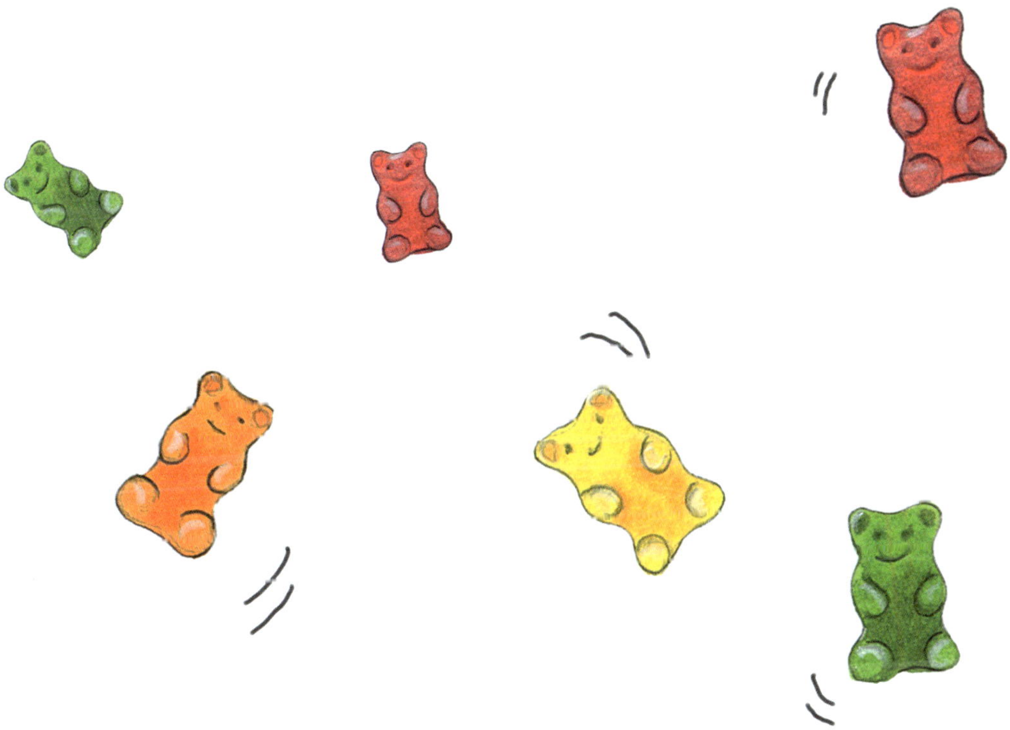

Der Pizzabäcker

Rollenspiel für Gourmets

Der Pi-, der Za-,
der Pi-zza-bä-cker
macht die Pizza groß und lecker.

Zu den einzelnen Silben Hände abklatschen
Arme formen großen Kreis

Er rollt den Teig
und cremt ihn ein
mit Tomatensoße, das wird fein.

Teig ausrollen
Kreisende Bewegungen mit der Hand
Bauch reiben

Der Pi-, der Za-,
der Pi-zza-bä-cker
macht die Pizza groß und lecker.

Zu den einzelnen Silben die Hände abklatschen
Arme formen großen Kreis

Nun kommt der Schinken
vom dicken Schwein,
Salami darf es auch gern sein.

Auf die Pizza patschen
Auf die Pizza patschen
Auf die Pizza patschen

Der Pi-, der Za-,
der Pi-zza-bä-cker
macht die Pizza groß und lecker.

Zu den einzelnen Silben Hände abklatschen
Arme formen großen Kreis

Den Käse nicht vergessen
und etwas Würze
braucht das Essen.

Käse streuen
Einmal schnipsen oder schnalzen

Der Pi-, der Za-,
der Pi-zza-bä-cker
macht die Pizza groß und lecker.

Zu den einzelnen Silben Hände abklatschen
Arme formen großen Kreis

Basilikum und Oregano,
Salz und Pfeffer,
ja, das macht man so.

Zupfbewegung
Mit einer Mühle mahlen

Der Pi-, der Za-,
der Pi-zza-bä-cker
macht die Pizza groß und lecker.

Zu den einzelnen Silben Hände abklatschen
Arme formen großen Kreis

Nun wird es spannend,
gebt gut acht,
der Ofen wird nun aufgemacht.

Mit den Händen zittern
Zeigefinger hochhalten
Ofen öffnen

Der Pi-, der Za-,
der Pi-zza-bä-cker
macht die Pizza groß und lecker.

Zu den einzelnen Silben Hände
abklatschen
Arme formen großen Kreis

Wir schieben unsre Pizza rein,
da brutzelt sie,
mmh, wie riecht das fein.

Pizza reinschieben
Mit Hand an der Stirn Ausschau halten
Schnuppern

Der Pi-, der Za-,
der Pi-zza-bä-cker
macht die Pizza groß und lecker.

Zu den einzelnen Silben Hände
abklatschen
Arme formen großen Kreis

Achtung, Achtung, mit Applaus
kann endlich die leckre Pizza raus,
wir schneiden sie, setzen uns hin,
hamm, schon ist sie in den Bäuchen drin!

Applaudieren
Handbewegung zu sich hin
Schneidbewegung, Kniebeuge machen
Bauch weit rausstrecken

In der Küche ist viel los

Reimspiel für Kinder ab 5 Jahre

In der Küche ist viel los,
superlecker, ganz famos!
Rühren, rühren, rühren,
jetzt darfst du probieren.

Nun darf ein Kind entscheiden, wie das Essen schmecken soll, zum Beispiel kalt oder warm. Darauf kommt ein Reimspruch zur Antwort.

Wie magst du das Essen: kalt oder warm?

Kalt: *Du bist verknallt!*
Warm: *Dir brummt der Darm!*

Süß oder sauer?

Süß: *Du liebst Gemüs!*
Sauer: *Du hast Power!*

Scharf oder mild?

Scharf: *Du brauchst mehr Schlaf!*
Mild: *Du bist ganz schön wild!*

Weiterführung

Nach ein paar Beispielversen dürfen die Kinder selbst reimen. Der Fantasie sind keine Grenzen gesetzt (rot oder blau; fest oder weich; wie Wurst oder Käse ...)!

Was schleicht sich an?

Mit Ängsten umgehen lernen

Tippe, tappe, was schleicht sich an?	*Immer im Takt mit den Füßen tippen*
Tippe, tappe, Mannomann!	*Hände auf die Wangen*
Hörst du es, was kann das sein?	*Eine Hand ans Ohr legen*
Tippe, tappe, nein o nein!	*Weiter mit den Füßen tippen*
Es ist eine Maus ...	*Arme ausbreiten*
Nur Mut, alles ist gut!	*Mit der Hand über die Stirn wischen*
Tippe, tappe, was schleicht sich an?	*Immer im Takt mit den Füßen tippen*
Tippe, tappe, Mannomann!	*Hände auf die Wangen*
Hörst du es, was kann das sein?	*Eine Hand ans Ohr legen*
Tippe, tappe, nein o nein!	*Weiter mit den Füßen tippen*
Es ist Mama ...	*Arme ausbreiten*
Nur Mut, alles ist gut!	*Mit der Hand über die Stirn wischen*

Variante

Nach den zwei Strophen darf ein Kind entscheiden, wer oder was sich als Nächstes anschleicht. Wählt es eine furchteinflößende Kreatur, dürfen alle Kinder schreien, zum Beispiel:

Tippe, tappe, was schleicht sich an?	*Immer im Takt mit den Füßen tippen*
Tippe, tappe, Mannomann!	*Hände auf die Wangen*
Hörst du es, was kann das sein?	*Eine Hand ans Ohr legen*
Tippe, tappe, nein o nein!	*Weiter mit den Füßen tippen*
Es ist ein Dinosaurier ...	*Die Hände vor den Mund*
Hilfe, nein! Ich will schrei'n!	*Die Kinder dürfen schreien*

Rolle, rolle Wolle

Strickspiel

Rolle, rolle,
ich rolle Wolle,
Rolle voll, toll!

1. Kind spricht den Vers und wirft danach ein imaginäres Wollknäuel einem anderen Kind zu

Rolle, rolle,
ich rolle Wolle,
Rolle voll, toll!

2. Kind spricht Vers, wirft Wollknäuel weiter usw., bis alle Kinder einmal dran waren

Jetzt wird ein Pullover gestrickt!

Links, rechts,
fallen lassen,
links, rechts,
fallen lassen.

Alle sprechen den Vers und machen dazu Strickbewegungen

Ist der Pullover fertig?

Dann schlüpft rein:
erst mit einem Arm, — *Kinder heben einen Arm*
dann dem anderen, — *Heben den anderen Arm*
ohne Knopf über den Kopf — *Ziehen Pullover über den Kopf*
und dann staunen:
wunderbar, ohhh…, ahhh… — *Kinder bestaunen den eigenen Pullover*

Weiterführung

Nachdem die eigenen Pullover ausreichend bestaunt worden sind, dürfen sich die Kinder den lustigen Strickwerken der anderen widmen. Wer Lust hat, erkundet gegenseitig die großen und kleinen Maschen und kitzelt einander.

Rennen fahren

Kreisspiel

Ich will jetzt Rennen fahren.	*1. Kind spricht und geht außen im Kreis*
Brumm, brumm!	*Alle sprechen und halten Motorradlenker*
Ich will jetzt Rennen fahren.	*1. Kind spricht, geht im Kreis und hält Lenker*
Tut, tut!	*Alle sprechen und drücken auf die Hupe*
Ich will jetzt Rennen fahren.	*1. Kind spricht, geht im Kreis und hupt*
Blink, blink!	*Alle sprechen und strecken Arm heraus*
Ich will jetzt Rennen fahren.	*1. Kind spricht, geht im Kreis und streckt Arm heraus*

Alle:

Alle Mann und Frau in Sicherheit!	*Alle gehen einen Schritt zurück*
Ich schau nach links,	*Nach links schauen*
ich schau nach rechts,	*Nach rechts schauen*
ich sehe nichts und gebe Gas,	*1. Kind rennt los und parkt vor einem anderen*
das macht Spaß!	*Kind. Dann ist dieses Kind an der Reihe usw.*

Schluss

Jetzt geht's in die Garage rein,	*Kind fährt in die Kreismitte*
endlich sind wir wieder daheim.	

Der kleine Glaube für Erzieherinnen und Eltern

„Was immer du tust, tu es mit Freude!“

Jedes Kind schenkt dir eine Erinnerung,
bewahre sie wie einen Schatz.

Nicht jede Erinnerung ist positiv,
nimm sie als Aufgabe an und lerne daraus.
Manche Kinder legen dir „Steine“ in den Weg,
aber nur, damit du neue Wege gehst.

Die Kinder, die „anders“ sind,
können etwas in dir verändern.
Lass dich darauf ein,
nimm sie an die Hand und lass dich führen.
Mit deinem Mut, deiner Kraft und deinem Vertrauen zu dir selbst!

Wo du auch bist, sei mit Freude, Liebe und Geduld im Jetzt.
In der Freude am Leben wird dir neue Freude begegnen.

Petra Metzger, geb. 1969 in der Schweiz, lebt mit ihrem Mann und ihren drei Kindern in Südbaden, an der schweizerischen Grenze.

Sie hat 25 Jahre als Erzieherin mit verschiedenen Schwerpunkten in Kindertageseinrichtungen gearbeitet.

Seit drei Jahren begleitet sie Kinder und Familien mit besonderen Bedarfen als Fachkraft für Integration.

Dabei begann sie ihre eigenen Ideen und Geschichten aufzuschreiben.